LUCIEN BONAPARTE ET NAPOLÉON

EN 1807

LUCIEN BONAPARTE A FLORENCE

(17 AVRIL-5 NOVEMBRE 1808)

PAR

PAUL MARMOTTAN

Extrait de la *Revue historique*,
Tome LXXIX, année 1902.

PARIS

1902

LUCIEN BONAPARTE ET NAPOLÉON

EN 1807

LUCIEN BONAPARTE A FLORENCE

(17 AVRIL-5 NOVEMBRE 1808)

PAR

PAUL MARMOTTAN

Extrait de la *Revue historique*,
Tome LXXIX, année 1902.

(Les tirages à part ne peuvent être mis en vente.)

PARIS
1902

LUCIEN BONAPARTE ET NAPOLÉON

EN 1807.

Un des plus amers chagrins qu'éprouva l'Empereur dans l'édification de sa colossale fortune fut de voir son frère Lucien ne pas comprendre les exigences nouvelles que celle-ci imposait à chacun des siens, voire même au prix d'un sacrifice réel d'affection. Au fur et à mesure de ses conquêtes, l'Empereur se trouvait entraîné à faire de ses proches autant de lieutenants couronnés désignés par leur parenté même à le bien servir et à gouverner les États fédératifs devenus frontières du grand Empire[1].

Une question matrimoniale divisait les deux frères, et Lucien s'était entêté au point de ne vouloir rien céder sur ce chapitre; dès 1804, la brouille était consommée. Elle pesait à Napoléon, qui, malgré tout, conservait l'espoir, moyennant des conditions superbes, — dont un établissement ducal pour Mme Jouberthon et la reconnaissance de ses enfants, — de ramener le seul membre de sa famille à complète résipiscence. Plus peut-être que personne, Élisa embrassait avec ardeur à cet égard les idées de Napoléon, dont le caractère avait tant d'analogie avec le sien, et elle ne cessait pas d'aimer Lucien tendrement à sa manière. Le billet autographe suivant qu'Élisa écrivait à l'Empereur avait déjà montré quelle compassion elle ressentait pour son souverain!

Lucques, le 24 mai 1807.

Sire,

Au milieu de tant de triomphes, un chagrin de cœur était le seul événement malheureux qui pouvait laisser à V. M. un souvenir pénible. La fatalité a changé en vive contrariété une de vos plus douces affections, mais croyez, mon cher frère, que j'aurais donné sans regret ma vie entière pour vous éviter cette grande peine, trop heureuse de vous consacrer une existence comblée de vos bienfaits.

Élisa[2].

Parmi les lettres qu'on a d'Élisa à cette époque, sur ce sujet tou-

1. C'étaient en somme des États *tampons*, suivant l'expressive langue diplomatique.

2. Arch. nat., AF IV 1716, n° 117.

jours brûlant, il faut en citer ici deux à son frère Lucien, la première du 20 juin, la seconde du 25 août 1807. Elles sont aussi cordiales qu'éloquentes et montrent les efforts d'Élisa pour décider Lucien à se montrer traitable. Ces sollicitations inspirées secrètement par le chef de la Famille et même par les parents ou courtisans n'obtinrent pas le succès désiré.

L'évêque d'Acqui[1], A.-L. Arrighi, mandait de Paris à la Princesse, le 4 septembre de cette même année :

..... L'Empereur est véritablement adoré; il faut être à Paris pour voir et entendre. Je regarderais complète la félicité de la Famille Auguste si Monsieur Lucien serait d'accord aussi (*sic*). Mon Dieu! pourquoi ne contente-t-il S. M., qui a le cœur si tendre pour sa famille! Vous, qui avez tous les moyens nécessaires, vous devriez vous en occuper sans relâche. Les méchants et les perfides finiraient par se taire. Si le sacrifice de ma vie pouvait y remédier, je n'hésiterais pas un instant à le faire. Mille millions de pardons, Auguste Princesse, si j'ose entrer dans une matière si délicate, mais c'est seulement avec V. A. que j'en parle, et c'est encore mon très respectueux et très sincère attachement qui m'y pousse. Du reste, je sais que S. M. ne veut que le bonheur de tous[2].

Quatre mois plus tard et contre l'attente commune, dans une entrevue décisive à Mantoue, Lucien, toujours aussi ardent mari, résistait aux séductions les plus troublantes de l'ambition présentées par l'Empereur lui-même, magicien d'un art incomparable quand il voulait peser sur une conscience et la gagner.

Élisa parlait encore en ces termes à Lucien :

Marlia, le 20 juin 1807.

..... Il ne faut pas traiter avec le maître du monde[3] comme avec son égal. La nature nous fit les enfants d'un même père et ses prodiges nous ont rendus ses sujets. Quoique souverains, nous tenons tout de lui, il y a un noble orgueil à l'avouer, et il me semble que notre seule gloire doit être de justifier par notre manière de gouverner que nous sommes dignes de lui et de notre famille. Réfléchis donc de nouveau aux propositions qu'on te fait; maman et nous tous serions si heureux d'être réunis et de ne faire qu'une seule famille politique; cher Lucien,

1. Frère du duc de Padoue. — Acqui, chef-lieu d'arrondissement du département français de Montenotte, 6,000 habitants à cette époque, située à treize lieues trois quarts nord de Savone.

2. Arch. Lucq., *Lettere private dai Principi*, Registre 201.

3. A la date du 14 juin, Élisa avait encore écrit à l'Empereur une petite lettre de félicitations à propos de la prise de Dantzig.

fais-le pour nous, qui t'aimons, pour le peuple que mon frère te donnera à gouverner et dont tu feras le bonheur.

Ta sœur et amie,

Élisa[1].

Et, le 25 août de la même année, elle revient encore à la charge :

..... Voici Jérôme marié et roi d'un beau pays ; quand aurai-je aussi à te féliciter ? Nous le désirons tous ici et nous espérons que l'arrivée de S. M. en Italie te tirera de l'obscurité où tu te plais, mais qui est si funeste à ta famille[2].

Lucien n'était peut-être pas dénué d'ambition, et l'argument, bien humain en somme, employé par la diplomatie d'Élisa, était susceptible de le toucher. Et puis il s'agissait d'un trône, et il n'avait qu'à dire oui ! Jérôme n'avait-il pas prêché d'exemple dans des conditions identiques et ne s'était-il pas élevé au rang des souverains, au point d'entrer dans la famille d'un Électeur de vieille souche, que l'Empereur, soucieux d'attacher à sa propre couronne, comme chef d'un État frontière et allié de l'Empire, venait aussi de faire roi ? Lucien devait fatalement succomber à son tour : tel était l'espoir de tous les Bonaparte, poussés par le vertige de l'élévation. Et, de fait, celle-ci n'a rien que de compréhensible alors. Un prince français régnait sur l'Elbe après que Napoléon avait donné des monarques de son sang aux Bataves, à Naples, à l'Italie du Nord et se disposait bientôt à en choisir un de même aux Espagnols. Lucien seul manquait à l'appel ; il fallait vaincre ce trop opiniâtre amoureux.

Et pourtant, malgré ces conseils où perçait une passion de race, nonobstant les démarches similaires tentées à plusieurs reprises par Madame, le Cardinal[3], le roi des Deux-Siciles[4], Jérôme et Talleyrand, enfin par le redoutable chef de la famille en personne, Lucien ne faiblissait pas. Voici ce que Jérôme lui écrivait aussi de Paris le 26 août 1807 :

Mon bon petit Lucien, j'ai reçu votre lettre de Rome, qui m'a appris la naissance de Jeanne ; je vous en félicite et ne puis m'empêcher de vous répéter que mon seul regret c'est de ne pouvoir vous embrasser et de vous voir dans une fausse position vis-à-vis de notre famille et vis-à-vis de l'Europe, qui examine notre conduite à tous et qui ne peut

1. Catalogue de la collection d'autographes Alfred Morrisson, 1 vol., 1883.
2. Catalogue E. Charavay.
3. Fesch, oncle de l'Empereur, et de son vivant archevêque de Lyon, grand aumônier de la cour, primat des Gaules.
4. Joseph, frère aîné de l'Empereur.

que s'étonner de voir un Bonaparte d'une réputation comme la vôtre, inutile pour le monde et pour sa famille; car, mon cher Lucien, nos ennemis sont enchantés de vous voir éloigné, parce qu'ils n'ignorent pas que vous seriez le plus ferme comme le plus grand appui du trône. Ah! mon bon frère, avec combien de plaisir je donnerais et la moitié de ma vie et tous mes États pour vous voir réuni (*sic*) autour de l'Empereur, qui aime sa famille, mais dont la politique ne peut céder.

Je vous envoie un courrier, mon cher frère, pour vous annoncer mon mariage avec la princesse Catherine de Wurtemberg. Il a eu lieu le 23, à huit heures du soir. La princesse paraît surtout très bonne; sans être très jolie, elle n'est pas mal; je lui ai parlé de vous et déjà elle partage les tendres sentiments que je vous porte et qui ne finiront qu'avec ma vie.

Tous les arrangements avec Mme Patterson ont été convenablement pris. Elle viendra en Europe; elle aura une principauté dont mon fils et le sien sera prince héréditaire. Ils assurent, Lucien, les sentiments de mon cœur; vous les connaissez et vous savez assez que le bonheur et l'intérêt de ma famille seuls ont pu me faire contracter d'autres liens. Dites, Lucien, mon frère est malheureux, mais il n'est pas coupable.

Adieu, mon cher frère, croyez aux sentiments d'attachement de votre bon frère.

Jérôme Napoléon[1].

Lucien demeura inflexible. Il ne voulut pas abandonner sa maîtresse légitime, la mère de ses enfants. Alors Napoléon le raya de ses faveurs, et, ne pouvant changer d'avis sur une mésalliance, jugée impardonnable, du reste accomplie à son insu, il agit en la circonstance comme s'il eût voulu donner un effet rétroactif, — et en fait telle était bien son intention, — au titre Ier des statuts du 30 mars 1806, qui portait dans son paragraphe 4 ce passage significatif : « Le mariage des princes et princesses de la famille impériale, à quelque âge qu'ils soient parvenus, sera nul et de nul effet de plein droit, et sans qu'il soit besoin de jugement, toutes les fois qu'il aura été contracté sans le consentement formel de l'Empereur. » Cette clause était appuyée sur la raison d'État et sur la haute dignité à laquelle ces princes étaient élevés, *qui les dévoue sans réserve aux grands intérêts de la patrie et à la gloire de notre maison.*

Son dépit se doublait, dans le cas actuel, de ne pas trouver un instrument dans celui dont il prisait néanmoins la haute intelligence.

1. Lettre extraite de la reproduction qu'en a donnée la maison Baer et Cie de Francfort dans son recueil d'autographes d'hommes célèbres, in-4°, paru en cette ville, p. 165 et v°.

L'obstination de son frère dérangeait en effet toutes ses visées, car Napoléon voulait, après le divorce, qu'il espérait arracher de son consentement, marier Lucien à la reine d'Étrurie[1], veuve de Louis Ier, prince de Parme, et, sitôt l'annexion de la Toscane à l'Empire en 1808, les placer tous deux sur le trône d'Espagne et des Indes, dont il allait favoriser sinon provoquer la vacance. En décembre 1807, peu avant l'entrevue de Mantoue, l'Empereur avait déjà ses idées arrêtées à ce sujet, et ces idées étaient d'un profond politique et eussent pu, sans l'obstacle insurmontable, changer du tout au tout l'avenir de l'Espagne en ralliant les Espagnols, très attachés par tempérament à leurs princes, à une monarchie rajeunie et rendue populaire par un double mariage. Les plus heureuses conséquences en eussent vraisemblablement résulté. La guerre d'Espagne, que l'Empire portait au flanc et qui le paralysa aux moments décisifs, eût été sans doute ainsi évitée ou arrêtée à temps. D'autre part, cette première alliance entre Bourbons et Bonapartes n'en eût-elle pas autorisé d'autres, plus tard, d'une conséquence non moins directe sur les événements contemporains? En effet, l'ex-ambassadeur de Madrid devait, *par ordre*, donner sa fille aînée au prince des Asturies (le futur Ferdinand VII). Ce Bourbon, proclamé roi par une révolution récente au mépris des droits d'un respectable père (forcé d'abdiquer devant l'émeute d'Aranjuez et menacé, s'il ne s'était pas exécuté, jusque dans sa vie et celle des siens), n'avait pas été reconnu par Napoléon, dont les armées occupaient Madrid et la Péninsule. Lui-même et l'ambassadeur Beauharnais (qui ignorait le projet de l'Empereur de donner le trône à un de ses frères) ne voyaient d'autre moyen qu'une alliance de famille pour faire accepter la révolution accomplie. L'Empereur, flatté *in petto* de ce projet, n'avait tout d'abord rien décidé pour le combattre. Il avait même mandé la fille de Lucien à Paris. Et Ferdinand venait précisément de faire remettre une lettre autographe à Napoléon dans laquelle il priait « S. M. I. et R. de lui accorder l'honneur de s'allier à une auguste princesse de sa famille[2]. »

L'entrevue de Mantoue en décembre 1807, comme l'influence en sens contraire que Lucien exerça sur sa fille, — que Napoléon fut obligé de renvoyer à son père, — fit tout avorter.

Et pourtant Marie-Louise, elle, ne demandait qu'un épouseur.

1. Cette princesse avait vingt-cinq ans en 1807. — La proposition fut faite en termes exprès à Lucien, en 1803 tout au moins. Voy. *Mémoires de Lucien*, publiés par Jung II, XIV.

2. Voy. *Mémoires du roi Joseph*, IV, 257, 258 et 259.

Écoutons plutôt d'Aubusson : « ..... La comtesse Guichardini, *nouvellement mariée, confidente intime* de la Reine, m'a répété assez sérieusement dans la conversation ces propres paroles : *comment l'Empereur n'a-t-il pas pensé à marier la Reine? Elle le désirait et elle l'espérait.* » Il est vrai que ce cri du cœur paraît bien tardif et qu'il peut être expliqué comme amené par les circonstances, puisqu'il s'exhala au moment où notre ministre était chargé de notifier à la Reine d'avoir à céder la place à l'Empereur en Étrurie pour aller régner en Portugal, en novembre 1807. L'aveu est significatif malgré tout le reste[1].

Ajoutons que Joseph, n'ayant pas besoin d'être déplacé de Naples, où son caractère et ses actes lui attiraient l'estime, y aurait continué le bien commencé; Murat, grand-duc de Berg, faisant son apprentissage d'une royauté, aurait occupé le trône de Pologne rétabli pour servir de rempart à l'Europe contre les progrès de l'influence russe (quoi qu'on en ait dit, c'était bien là une idée de Napoléon); sa bravoure chevaleresque y aurait parfaitement convenu aux Polonais, fortifiés par un pareil chef, et en tous cas son aventureuse compromission de 1815 en Italie, qui ternit sa mémoire, n'aurait dès lors jamais existé.

Malheureusement Lucien, qui aimait sa femme et ne se souciait pas, en artiste qu'il était, d'épouser une princesse « petite, disgracieuse et laide, aux manières brusques, communes et déplaisantes[2], » fit tout échouer en ne voulant rien entendre. Tel est le facteur qui, en offrant d'autre part l'exemple peut-être le plus frappant de l'Histoire où l'amour eut à se débattre contre l'ambition, dérangea les plus savants desseins et eut, comme on vient de le prouver, une portée incalculable.

1. D'Aubusson au duc de Cadore. Florence, 25 novembre 1807. (Aff. étr., 159ᵃ, feuillet 236 v°.)

2. Expressions qu'une contemporaine, Mlle Georgette Ducrest, emploie dans ses *Mémoires*, édition in-4°, 1855, illustrée par Janet Lange, p. 9, pour caractériser cette jeune reine dès 1801, époque de son séjour à Paris. Les *Mémoires* de Mlle Ducrest sont recommandables.

LUCIEN BONAPARTE A FLORENCE

(17 AVRIL-5 NOVEMBRE 1808.)

Durant l'interrègne qui s'écoula entre la fin de décembre 1807 et le 24 mai 1808, date officielle de la réunion de la Toscane au grand Empire, date à partir de laquelle Dauchy cessa d'administrer personnellement[1], le pavillon français, sans doute, flottait en Toscane, mais, en somme, la situation du pays restait indécise sous le rapport de ses destinées prochaines.

L'incertitude où l'on était à cet égard ne laissait pas de provoquer bien des suppositions en haut lieu, tant dans le monde de la cour impériale que parmi les hauts fonctionnaires. Chacun se plaisait à pronostiquer selon sa fantaisie, au point que l'on s'en faisait presque un jeu, et, l'intrigue s'en mêlant, les racontars allaient leur train. En février 1808, au moment où le divorce de l'Empereur est irrévocablement arrêté, — peu avant un voyage d'Espagne qu'il avait décidé en principe, — la reine Catherine se fait l'écho, dans une lettre à son père, du bruit répandu aux Tuileries assez mystérieusement que l'impératrice Joséphine sera, pour la dédommager, Grande-Duchesse de Toscane[2].

Cette rumeur sans consistance s'évanouit dès janvier 1808, époque où l'attribution du trône vacant d'Étrurie à Lucien court les cercles de la capitale. Lucien, qui est alors à Florence, reçoit même de Paris des félicitations[3], et, en effet, les Toscans eux-mêmes, premiers intéressés dans l'affaire, crurent deviner les intentions futures de l'Empereur en regardant l'arrivée du sénateur Lucien Bonaparte à Florence comme l'indice d'une royauté prochaine pour leur pays.

Mais comment Lucien avait-il été amené à résider à Florence un certain temps dans les premiers mois de 1808? — Ce frère disgracié de Napoléon habitait aux environs de Rome, à Frascati, l'ancienne villa de Tusculum, pleine d'ombre, de fleurs et d'eaux jaillis-

1. Le conseiller d'État français, Dauchy, arriva à Florence le 5 janvier 1808 et prit possession des services.

2. *Briefwechsel der Königin Katharina.* Stuttgart, 1886, I, 114 et 115.

3. Voy. lettre du général Guillet, publiée par Ch. Nauroy dans *le Curieux,* II, 240, d'après l'original. (Bibl. nat., ms. fr., nouv. acq. 3557.)

santes, rendue célèbre par le séjour qu'y fit Cicéron. Un tel choix de lieu et de maison révèle, une fois de plus, le lettré et l'artiste peu banal qu'est Lucien. Il est très épris d'histoire romaine; sans doute l'époque et l'exemple de bien des hommes de sa génération y prêtent, mais chez lui c'est si instinctif, si prononcé, qu'il était allé jusqu'à renchérir sur les conventionnels et les révolutionnaires qui se vêtissaient de toges et imitaient les Romains dans leurs discours. Lucien fut, on peut le dire, sinon un des *lanceurs*, au moins un des propagandistes les plus convaincus de ce retour à l'antiquité dans le meuble, dans le costume et les désinences politiques. Du côté des arts, il s'était entouré de tous les attributs de circonstance et il avait poussé ce faible si loin qu'il s'était laissé portraiturer par son ami et protégé Lethière dans le tableau célèbre de *Brutus condamnant ses fils à mort*, et, à Rome, il ne se contentait pas d'acheter en Mécène, c'est-à-dire sans compter, une terre au Pape, il cultivait aussi les Muses. Mme d'Albany, qui visita Frascati en 1811, raconte qu'elle y vit dans les jardins de Lucien une cabane où ce frère de César *allait étudier et qu'il a remplie des vers de Virgile et du Tasse*[1].

Lucien était ami du Pape et voyait souvent le cardinal Consalvi, son conseiller intime. Une passion commune pour les fouilles scientifiques et les découvertes de statues du temps des Romains, sans parler de l'estime qu'avait Consalvi pour sa générosité confinant au faste, avait établi entre le légat et lui une sorte d'intimité. Aussi bien, très indépendant d'opinions et d'un caractère décidé, Lucien ne cachait pas à Pie VII des sympathies qui contrastaient fort avec l'attitude pleine de méfiance et de mauvais procédés que le gouvernement français observait alors vis-à-vis du Pontife, en vue de le pousser à une rupture.

En ce moment psychologique, la présence de Lucien dans les États romains indisposait fort Napoléon; il fallait trouver un moyen de l'éloigner. Par l'entremise habituelle de son aîné, Joseph, roi de Naples, l'Empereur fit aussitôt prévenir Lucien de se retirer, avec sa famille, dans une autre contrée de l'Italie, hormis pourtant à Naples, où il régnait et où sa parenté et son amitié ne pourraient pas se concilier avec la défense, par ordre supérieur, commune à tous ses frères, de voir Lucien.

Pour ces raisons, et précisément parce que la Toscane proprement dite, administrée alors par un délégué français, n'abritait

1. *Carnet historique et littéraire*, août 1901. Voyez sa lettre d'octobre 1811, publiée dans ledit recueil par Pélissier.

aucun membre de la famille politique, ce pays fut désigné à Lucien. Qui sait même s'il n'entrait pas *in petto* autre chose encore à ce propos dans la tête de Napoléon, s'il n'avait pas à dessein assigné à son frère Lucien Florence pour résidence provisoire, afin qu'en retenant sous ses yeux d'artiste les séductions de la Toscane, il trouvât ainsi le moyen de lui faire regretter son attitude de révolté de Mantoue en décembre dernier, et si ce moyen n'était pas destiné *in extremis* pour l'inciter, de façon détournée, à se raviser, c'est-à-dire à accepter le trône d'Étrurie, qui pouvait se relever sur un signe de lui, et à lui donner ainsi, comme à ses autres frères, une preuve inoubliable d'affection, en même temps que d'en faire un instrument de son ambition familiale et française, car il ne séparait jamais le sens de ces deux intérêts tout-puissants sur son esprit? Je laisse au lecteur le soin d'en décider; en tout cas, il faut reconnaître que ce choix du lieu ne manquait pas de piquant, et le temps que mit l'Empereur à se décider à l'annexion à l'empire, — cinq semaines encore depuis l'arrivée de Lucien, — n'en n'affaiblit pas la vraisemblance.

Cependant Lucien, ainsi permutant d'un pays à un autre par ordre, s'était mis en route avec sa femme, ses fils et une nombreuse suite. Parvenu à Florence, le 17 avril 1808, à 9 heures 1/2 du soir, il descendit dans l'auberge la plus distinguée, l'*Aquila Nera*[1], où on l'attendait, et se fit inscrire sous le nom de *général Boyer*[2]. Précaution inutile, car il fut vite dévisagé, et, malgré son désir de ne point paraître, il devint, par la force des choses, — comme proche du Souverain et peut-être aussi par un désir tenu secret de ce dernier, qui, naturellement, avait là comme partout ses fonctionnaires et sa police, — l'objet de grands égards. D'ailleurs, le lendemain lundi, 18 avril, peu satisfait de ce logement, Son Excellence quitta l'hôtel pour s'installer au palais Ximénès que lui cédait son parent le général Fiorella. Ce dernier loua provisoirement une maison voisine.

Tassoni[3], au courant de la chose et du désir qu'avait Lucien de choisir prochainement une villa à la campagne, lui fait offrir la

1. Elle était située dans le bâtiment où se trouve aujourd'hui le cabinet de lecture Vieusseux et était tenue par un sieur Schneider, que l'*Itinéraire complet de l'Empire français* (2e édit. de 1811, vol. Ier, p. 185) déclare être « l'aubergiste le plus honnête, le plus obligeant, parlant plusieurs langues, etc. »

2. La *Gazzetta universale*, n° 32, du 19 avril 1808, écorcha le nom en disant *Bouilly*. — Tassoni, dans sa dépêche du 19 avril, dit : *Boyer*. Et c'est bien *Boyer*, par souvenir du nom de la première femme de Lucien.

3. Tassoni était le ministre résident du royaume d'Italie à Florence, sous les souverains d'Étrurie, dont le règne venait de cesser.

sienne par Fiorella; cette circonstance le met en faveur auprès du frère de Napoléon, et celui-ci lui répond qu'il le recevra avec plaisir autant qu'il voudra. Dauchy, de son côté, a envoyé à S. Quirico deux de ses secrétaires pour offrir à Lucien le palais dit de *la Crocetta* ou toute autre villa impériale à son choix, puis il se rend chez lui de sa personne. Non admis le jour même, le gouverneur y retourne le lendemain, et, reçu cette fois, il s'entretient quelques moments avec le Sénateur[1].

Le 26 avril, le même chargé d'affaires écrit que Lucien semble devoir rester quelque temps dans le pays, car de nombreux chevaux et tous ses équipages, venant de Rome, l'ont rejoint[2].

Les gazettes ayant rendu compte du changement d'habitation excitèrent à ce point l'enthousiasme en faveur de Lucien, — déjà désigné tout bas par les Toscans influents comme un futur souverain d'Étrurie, — que, lorsqu'il parut au théâtre *degl' Intrepidi*, avec sa femme et Fiorella, la salle entière se leva et l'acclama; les spectateurs, à la sortie, l'accompagnèrent jusqu'à sa voiture[3].

De son côté, Mme d'Albany écrivait de Florence, le 29 décembre 1807, à Castille : « On regrette un peu de ne plus être capitale, et si on avait pu avoir Lucien pour souverain, tout le monde aurait été content. Mais Lucien ne veut être qu'un particulier, et le premier de son espèce; en étant roi il ne jouerait que le second rôle. Il s'occupe des arts, achète beaucoup de tableaux et fait beaucoup de charités. Il a une belle femme, un peu sur le retour et une potée d'enfants[4]. »

Lucien, en effet, grand amateur d'antiques[5] et très érudit sur l'époque romaine, avait aussi un culte pour les tableaux, notamment, comme les collectionneurs d'alors, pour les italiens. Lui et son oncle Fesch se formaient d'importants cabinets. Comme il arrive en pareil cas, ce goût fut vite connu et les offres affluaient. Le plus souvent on y répondait favorablement, surtout du côté du cardinal, dont l'habitude était parfois d'acquérir des galeries entières pour en retirer le meilleur et le garder, ce qui explique pourquoi, à

1. Tassoni à Testi, 19 avril 1808. (Arch. Milan., Aff. étr., carton 91.)
2. Tassoni à Testi, 26 avril 1808. (Arch. Milan., Aff. étr., carton 91.)
3. *Gazzetta universale*, n° 33.
4. Voir la *Correspondance inédite de la comtesse d'Albany*, publiée par Charvet. Nîmes, 1879, in-8°, p. 87 et 88.
5. Après la chute de l'Empire, Lucien tire à ses frais des fouilles de l'ancienne Vulci en Toscane plus de trois cents vases étrusques qu'on vendit, après sa mort, en 1843, à Paris. Je ne parle pas des fouilles qu'il ordonna à Tusculum et à Canino précédemment.

sa mort, Fesch laissa plusieurs milliers de toiles. Quant à Lucien, il savait refuser : « Lucien B... n'a pas voulu de mes tableaux, » écrit Clarke à M. Lecomte, rue Montmartre, le 28 brumaire an XI, de Florence, où il représente la France auprès du roi d'Étrurie. Ceci navre fort le général, qui s'était servi en l'espèce de l'intermédiaire de Lethière, peintre de Son Excellence le Sénateur. C'est que Clarke est pressé d'argent et gêné par ses frais de représentation, qui ne cessent pas, parce que Talleyrand lui recommande à chaque instant des personnages de distinction de passage à Florence et qu'il a bien peu de 4,000 fr. par mois pour tenir son rang. Lucien ignore ce motif, sans quoi il eût acheté les tableaux, mais la vraie raison ici est que ces morceaux n'ont pas assez de valeur pour lui, connaisseur émérite. Quoi qu'il en soit, avant qu'il eût sollicité Élisa, comme nous l'avons raconté déjà[1], de lui céder une célèbre peinture de Fra Bartolommeo placée à Lucques, il court à Florence les marchands en vogue et les galeries particulières.

Épris de l'art du divin Sanzio, Lucien est à peine arrivé en Italie, en 1804, après sa brouille avec Napoléon qui l'oblige à quitter Paris, que, passant à Castello, où est conservé le fameux Mariage de la Vierge dit le *Sposalizio*, Lucien en fait offrir ferme 60,000 lires. On lui refuse, et le tableau est acheté par un autre Napoléonide, le vice-roi, au prix de 85,000 fr., en vue de doter, dès ses origines, le musée de peinture qu'il va fonder à Milan (Bréra)[2]. A Florence, à cette époque, on le voit offrir 5,000 fr. à M. Eynard[3] d'un portrait de l'école de Raphaël[4], puis, après avoir suggéré à Fabre l'idée de certain tableau d'histoire, lui accorder plusieurs séances pour son portrait en pied, dont cet excellent artiste fait une réplique en buste. Fabre peint également ses enfants, sa femme, Madame-Mère, la princesse de Lucques, toutes commandes pour M. le Sénateur. Sa fortune, considérable depuis le traité de Badajoz, que récompensa la cour d'Espagne par ses largesses, jointe à ses goûts délicats d'artiste *di primo cartello*, lui permet de ne rien se refuser. Grand seigneur depuis le Consulat, ou plutôt depuis l'ambassade de Madrid, il a galerie de maîtres, service de poste à lui, chevaux nombreux et livrée comme un prince du sang, plus même que le Premier Consul, dit un voyageur contemporain, bon observateur,

1. *Les Arts en Toscane sous Napoléon*. Paris, Champion, 1900, in-4°, p. 74.
2. Ces derniers détails empruntés aux documents publiés par Cantù : *I diplomatici della Repubblica e del Regno d'Italia.*
3. Fermier des tabacs d'Étrurie, que nous avons fait connaître.
4. Rigaud, *les Beaux-Arts à Genève*, une plaquette, 1849, p. 50.

Reichardt, qui fut reçu chez Lucien au Plessis, après avoir été présenté par son ambassadeur, Lucchesini; il a hôtel à Paris, une des plus belles demeures de *ci-devant*, encore toute remplie des magnificences de l'art du XVIIIe siècle, mais que Lucien fait modifier suivant la mode du nouveau style; il a château à la campagne, avec chasses à courre et salle de spectacle contenant trois cents places, qu'il vient de faire édifier; il a artistes et hommes de lettres à sa dévotion, cour de femmes superbes, petites maîtresses. A la campagne, où il se plaît durant quelques mois d'été, si fréquentes sont ses réceptions que les chevaux manquent aux relais entre Paris et le Plessis, car ils sont tous retenus et souvent par ses invités de Paris. Il est vrai que la route de Flandre conduit aussi à Mortefontaine, et que Joseph, de son côté, y reçoit, sans discontinuer, ses collègues des grands Corps de l'État et les étrangers de distinction. A une société nouvelle, il faut des princes rappelant ceux de l'ancien régime. Ceux-ci, les Bonapartes, les dépassent comme dépense et train, à peu près en même proportion qu'ils leur sont supérieurs par les idées. La différence ne laisse pas d'être appréciable. Bien que disgracié, Lucien conserve en Italie les mêmes habitudes, du moins les bonnes. Sa galerie de Rome est célèbre sous le nom de galerie Bonaparte. Et elle est si importante, — trois à quatre cents toiles, une centaine d'antiques, des vases étrusques, etc., — qu'elle compte parmi celles qu'il serait déplorable d'exposer aux hasards des événements, si ceux-ci d'aventure devenaient menaçants, comme par suite d'invasion par exemple. On la regarde comme une des merveilles de l'Italie. Sa perte serait un deuil pour l'esprit humain. On verra, tout à l'heure, un ambassadeur, au demeurant très honnête homme, au sens du mot *cultivé*, se faire l'écho du danger qu'elle peut courir en semblable traverse et en saisir son gouvernement. Lucien a donc entassé dans son palais de Rome, parmi tous ses tableaux, plus de quarante chefs-d'œuvre incontestables, au dire de la comtesse d'Albany, qui aura l'occasion de la visiter en 1811. Or, la comtesse est femme difficile et ne se prive pas de critiquer les toiles et les artistes dans une relation qu'elle a laissée de son voyage[1]. Elle énumère avec complaisance les premiers noms des maîtres qui composent cette galerie. Cacault, sous le Consulat, qui avait vu sa formation, alors qu'il était ambassadeur à Rome, communique les craintes qu'il a pour la conservation de cette collection quand un

1. *Carnet historique et littéraire*, août 1901. — Texte publié par Pélissier. Lettre datée d'octobre 1811.

instant, en octobre 1805, il a des raisons de redouter une descente de la flotte russe à Tarente.

Lucien ne déroge pas, du reste, aux mœurs de ses frères, qui tous sont des Latins raffinés, c'est-à-dire plus encore des artistes que des intellectuels. Lucien en est peut-être le type le plus accusé, avec Napoléon et Élisa.

Le voilà donc à Florence, par ordre, en 1808. Ses occupations le font vite remarquer, car elles décèlent incontinent le Mécène. En octobre 1808, peu de temps avant de quitter Florence, Lucien, qui, sous le Consulat, a déjà chargé Prudhon d'une suite de dessins originaux destinés à la gravure pour un ouvrage, en commande vingt-cinq autres à M. Volpini. C'est pour le catalogue de sa galerie de tableaux qu'il médite déjà de publier. Fabre est chargé de surveiller les épreuves présentées par Volpini, de les juger sévèrement et de les expédier à Canino. Un instant, il songe à acheter la maison de Michel-Ange, mais il n'y donne pas suite, son séjour à Florence ayant pris fin avant que les pourparlers aient abouti[1].

Un peu plus tard, le 30 avril 1808, une lettre de Florence, du lieutenant général baron Colli, résident d'Autriche auprès des ex-souverains d'Étrurie, adressée à M. le comte de Stadion, ministre des Affaires étrangères à Vienne, disait encore : « Le sénateur Lucien est toujours ici, il garde l'*incognito* et se refuse au plaisir du théâtre, ayant été applaudi à outrance, quand il parut dans la loge la première fois. *Il entretient pourtant une correspondance secrète avec son frère*[2]. »

Revenant à la rescousse sur le sujet, Mme d'Albany écrivait de nouveau à son correspondant, le 31 mai : « On dit qu'il (Lucien) a beaucoup d'esprit et de caractère. On le désirerait pour souverain de ce pays, mais on dit qu'il ne veut pas *thrôner*. Sa femme a de beaux restes; quoiqu'on la dise jeune encore, elle est forte, et, dans ce pays, cela n'a pas un grand mérite; on aime les femmes minces et sveltes. Ils vivent très retirés. J'admirerais sa résolution de rester particulier, si je ne *croiais* qu'il est plus heureux comme il est, étant très riche, que s'il était souverain. »

Le 28 mai, le chargé d'affaires d'Italie, qui paraît très bien renseigné par des personnes de l'entourage même du Sénateur, mande

1. Boyer à Fabre, Canino, 4 janvier 1809 et 22 décembre 1808. — Papiers de Fabre et Fabre à Boyer (arch. de Montpellier), 20 mars 1809, cette dernière déjà publiée par nos soins dans notre ouvrage : *les Arts en Toscane sous Napoléon*.

2. Arch. nat., AF^IV^ 1701.

à son gouvernement que, dans la nuit du 26, Lucien ayant reçu un courrier de Naples, est parti pour Bologne où il devait rencontrer le lendemain S. M. le roi de Naples. Ce dernier, assure-t-il, devant être appelé au trône d'Espagne, aurait eu mission de lui proposer celui de Naples, mais Lucien, connaissant les conditions[1], était déterminé à refuser. La nouvelle aurait besoin de confirmation, mais il faut la croire, car on ne peut s'imaginer les efforts qui furent tentés auprès de Lucien par tous les membres de la famille de Napoléon pour le convertir, parmi ses idées, à celle de l'élévation à un trône européen, et combien la guerre qui lui fut faite de ce côté dura.

Le 21 juin, Tassoni, dans sa dépêche diplomatique au ministre Testi, de dire encore, — car Tassoni, qui est un républicain bonapartiste, admire beaucoup Lucien auprès duquel il s'est ménagé un excellent accueil, — « ... C'est merveille de le voir, il a fait venir de son palais et de sa villa de Rome tous les meubles les plus précieux, spécialement tout ce qu'il a de meilleur en objets d'art. Ce qui fait supposer qu'il n'est pas pour s'en aller de sitôt et qu'il continuera de séjourner longtemps en Toscane.

« Il est aimé ici à ne pas croire. Ses bonnes manières et par dessus tout sa générosité lui attirent l'affection générale. Il a confié des commandes à la plupart des meilleurs artistes, qui, à présent, n'en regorgent pas. Il y a peu de jours, par un trait de bienfaisance remarquable, il a doté et marié deux jeunes filles d'un pauvre citoyen qui habite tout près de ma campagne et qu'il a connu en s'arrêtant là, par hasard, dans sa promenade[2]. »

Élisa, qui résidait à Lucques, ne put résister au désir d'aller voir son malheureux et très aimé frère Lucien, alors si rapproché ; peut-être espérait-elle aussi le convaincre par ses paroles, car l'ambitieuse Élisa partageait avec ardeur, et plus qu'aucun autre dans la famille impériale, les idées de Napoléon à son endroit. En tout cas, voulant échapper au courroux du maître, elle se rendit à Florence *incognito* et eut avec Lucien au moins deux entrevues, dans sa maison, où elle avait soin d'entrer de nuit et par une porte dérobée sur le jardin. Cette nouvelle démarche demeurant inutile comme les précédentes, Élisa abandonna la partie. Au bout de plusieurs mois de séjour à Florence, Lucien obtint, non de revenir à Rome ni d'aller à

1. Toujours le *divorce* demandé par Napoléon.

2. Correspondance de Tassoni avec Testi. (Arch. du minist. des Aff. étr., carton 91. Milan.) Cette seconde lettre a été publiée par Cantù. (Voy. son recueil, *op. cit.*, p. 622.)

Pise comme on l'avait pensé un instant, — puisqu'un logement lui était déjà préparé chez M. Acconci, propriétaire, — mais d'habiter sa terre (récemment achetée au Pape) de Canino, sise à vingt-cinq lieues de Rome, près de Viterbe, et à onze milles de la mer[1]. Son Excellence quitta Florence exactement le 5 novembre 1808[2]. Ceci ne l'empêcha pas de continuer ses goûts favoris de protecteur des arts et de faire du bien aux artistes, comme d'entretenir avec le Pape jusqu'à ses derniers temps, à Rome, des rapports amicaux. Les preuves qu'il en donna toute sa vie abondent. Voici encore un trait contemporain à l'appui. Ayant admiré dans l'église Saint-Louis-des-Français le monument funéraire de Mme de Beaumont que le sculpteur français Joseph-Charles Marin a exécuté pour le compte de M. de Chateaubriand, Lucien attire cet artiste et lui commande en marbre trois tombeaux qu'il place dans l'église des Jésuites à Frascati; à savoir : celui de sa première femme, — il représente *la Mélancolie*, — de six pieds de proportion, pleurant sur un sarcophage; puis le tombeau de son père, Charles Bonaparte; enfin, le mausolée d'un de ses enfants, où l'on voit le *bambino* mourant qu'un ange vient assister en lui montrant le ciel. Enfin encore, tous les bustes de grandeur naturelle de la famille de M. Lucien. Quant à l'estime de Pie VII, il l'a entière, et, plus tard, le Saint-Père lui donnera son grand portrait, peint par Wicar, œuvre admirable, léguée à sa paroisse, l'église collégiale de Canino, par la princesse Alexandrine de Bleschamp-Bonaparte, veuve Lucien, en son testament olographe du 22 juillet 1853.

1. Voy. *Mémoires secrets sur Lucien Bonaparte, prince de Canino*, I, 254 et suiv. — Cet ouvrage, publié à Paris en 1816, serait apocryphe; il est devenu assez rare et n'est pas cité dans le *Dictionnaire des anonymes de Barbier*. Si on met de côté l'esprit réactionnaire qui l'anime, on peut y puiser des renseignements pittoresques vrais. Cet ouvrage n'est également pas signalé par Iung ni le prince Roland Bonaparte, les deux biographes les plus récents de Lucien. — Au reste, ces renseignements sont corroborés par les traditions lucquoises. Un vieux domestique de la Princesse vivait encore à Lucques il y a trente ans environ. Il racontait l'avoir accompagnée *incognito* à Florence et avoir reçu l'ordre de se tenir à la porte de la maison avec un pistolet. (Récit de M. le comte ·ardi à l'auteur, en 1894.)

2. *Gazzetta universale*, n° 98.

Nogent-le-Rotrou, imprimerie Daupeley-Gouverneur.

www.ingramcontent.com/pod-product-compliance
Lightning Source LLC
LaVergne TN
LVHW010408240826
846091LV00020B/2844

* 9 7 8 2 0 1 3 3 6 5 2 0 8 *